イラストでわかる
ステップアップ
食事 編

子どもの発達にあわせて教える

小倉尚子＋一松麻実子＋武藤英夫〔監修〕
公益社団法人　発達協会〔編〕

合同出版

まえがき

☆**子どもは学びたがっている**

　大人は子どもたちに、新しい体験や感動を与えたくて、遊園地や旅行などに連れていきます。でも、私たち自身、子どもの頃のそうした体験をおぼえているでしょうか。

　それより、これを知りたい、あれをやってみたいと思ったとき、大人から教えてもらったことをよく記憶しているのではないでしょうか？

　「お母さんからパウンドケーキの作り方を教えてもらった」「お父さんからキャッチボールを教わった」「先生から鉄棒を習った」と、よく若者たちが話してくれます。私たちは、何かをしたい、と思ったことを実現する方法を教わったとき、よく記憶し、身につくようです。

　子どもは成長の過程にあり、多くのことを身につけて生きる力を蓄えていきます。ですから、本質的に学ぶことに対して貪欲であり真剣です。発達障害のある子も、学びたがっています。ただ、発達につまずきがあるために、学びにくかったり、意欲が起きにくかったりします。

☆**学びで生まれる自律の力**

　発達障害のある子どもを教える際には、一人ひとりの子どもに合わせた、オーダーメイドの配慮が必要です。その配慮が適切であれば、子どもとの間で信頼感が生まれ、子どもは学びを進め、自律のための力を育んでいきます。

　この「子どもの発達にあわせて教える」シリーズは全6巻で構成されます。子どもの社会的自立に必要な生活技術を、具体的な場面に則して教える方法や工夫がいっぱい詰まっています。執筆に当たったスタッフはいずれも、日々子どもたちに接し、保護者に接している実践家です。

　お役に立てることを心より願っています。

　　　　　　湯汲英史（公益社団法人発達協会　常務理事、早稲田大学前教授）

もくじ

まえがき ……………… 3
ステップの見方 ……………… 6

1. 噛んで食べる ……………… 8
2. コップで飲む ……………… 10
3. ストローで飲む ……………… 12
4. スプーンで食べる ……………… 14
5. フォークで食べる ……………… 16
6. 箸で食べる ……………… 18
7. 偏食を改善する ……………… 22
8. 果物の皮をむく ……………… 24
9. 袋やふたを開ける ……………… 26
10. テーブルをふく ……………… 28

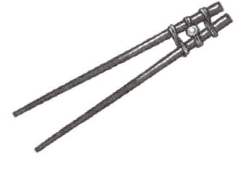

⑪ 食事を並べる …………………… 30

⑫ 注ぐ・よそう …………………… 32

⑬ 食後にテーブルを片づける ………………… 34

⑭ 食事の決まりを守る ………………… 36

⑮ 食事のマナーをマスターする ………………… 38

⑯ 食器を持って食事をする ………………… 40

⑰ こぼさずに食べる ………………… 42

⑱ 適切な量の食事をバランスよくとる ………………… 44

⑲ 時間内に食事をする ………………… 46

⑳ 外食をする ………………… 48

あとがき …………… 50

付録　口の動きを育てる体操 …………… 52

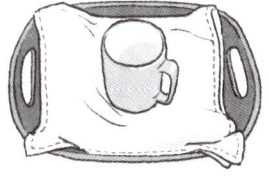

ステップの見方

ステップ		
0	本人にあてはまらない (哺乳・流動食など)	
1	スプーンを使って食べられない (口から舌で押し出す・噛まずに飲み込む・食べものを口の中で回せない)	★
2	何回か噛んで食べる (つぎつぎ口に押し込む・唇を閉じない・あまり噛まずに飲み込む・噛み切れない)	★★
3	適量を噛み切って口にとり込める (しかし、すぐに口を開けてしまう)	★★★
4	おおむね口を閉じ、食べものを口の中で回して、噛んで食べる	★★★★
5	口を閉じて食べることが習慣づいており、口の周りを汚さず食べられる	★★★★★

　この本の各項目には、ひとつの技術を身につけるためのステップが0～5段階で示されています。

　このステップは、発達協会のスタッフが長年の療育の中で培ってきた発達段階の目安を示したものです。

　各項目のステップは、おおよそ右ページの基本ラインに沿って作成されています。ステップのどれにあてはまるかをまず見ていただくことで、子どもの今の状態が把握でき、同時に次の目標がみえるように、と考えています。1年に1～2回振り返り、どのように変化したかを確認するためにも使うことができます。有効にご活用ください。

　教え方のヒントやつまずきやすい点などについては、本文とイラストを参考に取り組んでみてください。お子さんによっては、かならずしもステップ通りにいくことばかりではないと思いますので、本文を参考にし、弱い点や苦手なところに取り組んでみてもいいでしょう。

★基本ライン
それぞれの段階の基本的な目安は、下記の通りですので参考にしてください。

0	未実施 (やらせることを思いつかなかった・拒否が予想される、年齢的に対象外)	
1	できない (やらせてみたが、動作をとれない・拒否される)	★
2	本来の形ではないが一部自分からやる動きがある (大人が手伝う)	★★
3	一部、自分でやれる (条件を整えたり、大人の声かけがある)	★★★
4	おおむね一人でやれる (大人の手伝いや声かけはなし、やや不十分)	★★★★
5	まかせられる	★★★★★

　ステップではなく、一部ポイントになっている項目もあります。これは段階として表すにはむずかしいと思われる項目です。あてはまるものをチェックしながら、全体をお読みいただき指導の目標をご検討ください。

① 噛んで食べる

口の中で食べものを噛み砕いて唾液と混ぜ合わせ、奥歯ですりつぶして飲み込める大きさ・やわらかさにする一連の動きは、食べる上での基本動作です。特にマヒのない子どもでも、唇や舌の動きが十分でなかったり、噛む力が調節できなかったりすると、そしゃくがうまくできないことがあります。

ステップ		
0	本人にあてはまらない（哺乳・流動食など）	
1	スプーンを使って食べられない（口から舌で押し出す・噛まずに飲み込む・食べものを口の中で回せない）	★
2	何回か噛んで食べる（つぎつぎ口に押し込む・唇を閉じない・あまり噛まずに飲み込む・噛み切れない）	★★
3	適量を噛み切って口にとり込める（しかし、すぐに口を開けてしまう）	★★★
4	おおむね口を閉じ、食べものを口の中で回して、噛んで食べる	★★★★
5	口を閉じて食べることが習慣づいており、口の周りを汚さず食べられる	★★★★★

1 うまく噛めない

口から食べものをこぼしやすい子どもは、唇をしっかりと閉じて食べものをとり込むことがむずかしいと考えられます。

子どもが食べものを口の中にとり込む動きを引き出すために、スプーンを子どもの前に差し出し、子どもの方から頭や体を近づけてとり込むのを待ちます。

スプーンに少量のヨーグルトやプリンをのせて、上唇を使って口の中に食べものをとり込む練習をします。

スプーンやフォークをガチッと歯で噛んで食べることが習慣になっている子どもは、大人がスプーンを持ち、後ろから腕をまわして人差し指と中指で上唇を押し下げるようにして介助します。

2 何回か噛んで食べる

噛む力が弱い子や少し噛んですぐ丸のみしてしまう子は、奥歯に食べものをのせて、確実に複数回、噛む練習をします。スティック野菜や固めのおせんべい、一口大にしたお肉やさきいかなどは、噛む感覚を体感する格好の食材です。

口の中の感覚が鈍感だと、口の中に入っている食べものの量がわかりません。つぎつぎと口に押し込んだり、舌で回せず丸のみになってしまうことが多くなります。歯磨きのときにブラシによる刺激に慣れる練習

や、口周りのマッサージで、口の中の感覚を育てましょう。

大人の舌の動きが模倣できる子どもには、舌の出し入れや左右上下に動かす練習をします。舌で食べものを動かす力を育てます。

③ 適量を噛み切って口にとり込む

歯で食べものを噛み切れないために、口の中にたくさん入れすぎてしまう子がいます。ちくわなど噛み切りやすい食材を前歯や犬歯で噛みちぎる練習からはじめ、少しずつ固いものに挑戦していきます。人の歯は前歯より犬歯の方が噛み切りやすく、奥歯はすりつぶしやすい構造になっています。

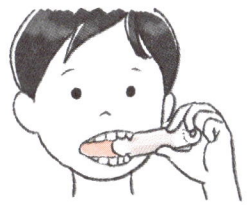

おかずを細かく切りすぎると、噛む回数が減ってしまいます。上達にあわせて、おかずの大きさを大人サイズに近づけていきます。

④ 唇を閉じて噛む

唇が開いていると、口から食べものがこぼれやすくなることもあります。小さいうちは、唇を閉じて噛むのは難しいことですがじょじょに「ピチャピチャ」音をさせないように、唇を閉じて噛むことを、マナーとしても教えます。

⑤ 鼻呼吸を教える

鼻呼吸ができないために口を閉じられないという子どもも多いので、普段の呼吸の状態を観察します。鼻づまりなどがなく、口を開けることが習慣になっているようなら、口を閉じて鼻呼吸をすることを、食事以外の場面でも教えましょう。

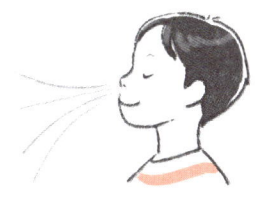

口周りの動きがスムーズでなかったり、筋肉が緊張しているばあいは、マッサージが効果的な子どももいます。

★うまく噛むことができない、口の動きに違和感があるばあいには口・舌やその周辺をチェックしてみましょう。52ページにあるお口の体操や唇のマッサージが有効です。食事内容にも気を配り、やわらかいものなど食べやすい食材に偏らないように気をつけましょう。

コップで飲む

コップにはさまざまな大きさや形、素材のものがあります。軽く、割れにくい素材のコップで練習をはじめます。いつも自分専用のコップを持ち歩くわけにはいかないので、できるようになったらさまざまなコップに挑戦させましょう。

ステップ
0	コップを使ったことがない	
1	コップで飲めない	★
2	口もとに定めてやると飲める（コップの持ち方が不安定・傾け方が不適当・口からずれる）	★★
3	自分でコップから飲む（持たせても可。一口ずつ飲む）	★★★
4	ゴクゴク続けて飲む（支えが安定していて、片手でも飲める）	★★★★
5	口の周りを汚さず飲める	★★★★★

① スプーンから飲む

唇をコップの縁に合わせることが苦手な子どもは、スプーンで飲む練習からはじめます。下唇の上にスプーンの縁をのせ、上唇に液体がついたら吸い込むような感じで、口の中にとり込むことを教えます。

軽く割れにくい素材で、取っ手のついている、幼児用のコップを使います。ポリプロピレンなどの合成樹脂製のものがお勧めです。

取っ手を子どもの利き手側に置きます。利き手で取っ手を持たせ、もう一方の手でコップを支えさせます。

② 飲めない子どもの介助

コップの持ち方や傾け方が不安定だったり、コップが口から外れたりするばあいには、大人が口元でコップを支えて一口の量を調整します。

無理に口の中に飲みものを入れようとするのではなく、唇に飲みものがついて、自分で口の中に飲みものをとり込もうとするのを待ちます。

③ 飲みものの量を調整

コップに飲みものをたくさん入れるとこぼれてしまいます。たくさん口に入ってしまいそうで怖いと感じる子どももいます。

コップを傾ける角度に合わせて、大人があらかじめ飲みやすい量を調整します。底から1cmくらいの量からはじめるとよいでしょう。

透明で中が見えるコップを使うと、残量が確認でき、「ここまで飲んでね」という指示ができます。
あらかじめビニールテープを貼って目安にすると効果的です。

連続飲みができるようになったら、取っ手のないコップやガラスや瀬戸物のコップでも練習します。深いコップほど、頭を後ろに大きく傾けなければ飲み干せないので難易度が高くなります。

④ 連続飲みをマスター

3回ゴクゴクとすると飲み終わる量をコップに入れます。「空っぽになるまでいっぺんに飲んでね」と声をかけます。口の中にためた飲み物をひと飲みにせず、ゴクゴクできるようになったら、口からコップを外さないように大人がコップを支え、連続飲みを教えます。

⑤ こぼさず飲む

手元にふきんを用意し、自分で口元をふくことで口周りを意識させます。牛乳は特に口周りが汚れやすいので、飲んだ後に鏡を見せ、「かっこわるい」状態をわかりやすく示します。
そのうえで、口元をなめてきれいにすることや、飲むときにコップを傾けすぎると口の周りが汚れることを教え、再チャレンジさせます。汚れへの意識が高められる効果もあります。

★大人がいくら「飲んで、飲んで」と声をかけたり、手伝ったりしても、子どもが飲もうとしてくれなければ練習になりません。飲むことを強制されたら、子どもにとっては苦痛な時間になってしまいます。好きな飲みもので、喉が渇いているときに練習するなどの工夫をしてください。

3 ストローで飲む

喫茶店や外食先ではストローで上品にジュースを飲まなければならない機会があります。コンビニで売っている清涼飲料にも、ストローを刺して飲むタイプのものがたくさんあります。ストローで連続して飲めるように練習もしましょう。

ステップ		
0	使ったことがない	
1	ストローで吸えない(吹いてしまう・噛むなど)	★
2	ストローで吸える(吸う力が弱くストローの途中で止まる・口からあふれる)	★★
3	ストローで飲める(一口ずつ吸う・口からあふれない)	★★★
4	ストローを噛まずに連続して飲める	★★★★
5	ストローで上手に飲める(最後まで隅の部分も飲める・シェイクなども)	★★★★★

1 ストローで吐く練習

吸うことより吐くことの方が意識させやすいので、最初はストローで吹く・吐く練習をします。

・ストローをくわえて水の中に入れブクブクと空気を吐く

・口元のティッシュを吹いて揺らす、立てておいた紙を吹いて倒す

・シャボン玉やろうそく消し

・吹き戻し(巻紙でできていて、吹くと紙がピーっと伸びる昔ながらのおもちゃ)を吹いて遊ぶ
・ラッパを吹いて音を出す

2 ストローで吸う練習

吹く・吐くことができるようになったら、息を吸う練習をします。

・ティッシュを口の前に垂らして空気を吸い、口にティッシュを貼り付ける
・アルミ箔で作った球やピンポン玉をストローで吸って持ち上げる

息を吐き切れば、その後は必ず息を吸います。「吸って、吸って」と声をかけるのではなく、最初に息を吐き切ることを指示します。

③ 吸う力が弱いばあい

吸う力が弱くても吸えるように、短いストローで練習します。
ストローを噛んでしまう子どもには、噛んでもつぶれにくく、唇に触れた感触も硬くないストローを使います。

紙パックの飲料は、押すと飲みものが出てくるので、吸う力が弱くても、子どもが吸ったタイミングで紙パックを押すことで、飲み物を口の中に入れることができます。大人は押す力を加減します。

④ ストローで飲む

普通の長さのストローでも飲めるように練習します。紙パックの容器は、力を入れて持つと中身が出てきてしまうので注意が必要です。力が加減できない子どもは、大人が持つのを手伝ったり、紙パックホルダーに入れて練習します。

⑤ ストローで連続飲み

中身の見えるコップに飲みものを入れ、「ここまで飲んで」「なくなるまで飲んで」と一度に飲む量を決めて練習します。また飲む量だけでなく、「○回続けて吸って」と吸う回数を決めた練習をします。

ストローを噛んでしまう子どもには、唇ではさむように意識させたり、ストローの先だけくわえるようにして練習します。吸うとき以外は口からストローは外しておきます。

⑥ 最後の1滴まで飲み干す

はじめは中身の見えるコップを傾けて、コップの角に飲みものを集め、そこにストローを刺して飲ませます。

中身の見えないふた付きの紙カップや紙パックでも練習します。シェイクやスムージーなどは、より強く吸う力が必要です。

★ストローで飲むことがむずかしい子どもは、口、舌、頬などの動きが全般的に未熟な可能性があります。口周りの筋肉の緊張をほぐすマッサージや、お口の体操（52ページ参照）もあわせてとりいれてください。

4 スプーンで食べる

手づかみ食べから一歩進むとスプーンで食べることになります。スプーンを使うことは一見簡単そうですが、複雑な手首の操作や口、上半身などとの協応動作が必要になります。スプーンで食べものをすくう手首の操作、食べ物を落とさず保つ手指の調整、口元まで運ぶ一連の動作を教えます。

ステップ		
0	使ったことがない	
1	スプーンを使って食べられない（持つだけ）	★
2	スプーンですくってやれば口に運ぶ（自分では、食べものの表面をひっかくだけ）	★★
3	すくいやすい位置や物ならすくって食べられる	★★★
4	スプーンですくうが、皿の外へのこぼしや、すくい残しがある	★★★★
5	全部きれいにすくって食べられる	★★★★★

1 スプーンを持つ

手の甲が上にくる持ち方（回内持ち）で持つように教えます。手首や親指、人差し指を動かしてスプーンの先を操作することを教えます。

柄が細いと持ちにくいので、太めの柄をえらびます。柄にホースやスチロールなどをかぶせて太くする方法もあります。

スプーンをつかむことができない子どもは、手の甲に付けるタイプのサポートツールがあります。

2 スプーンですくう

手首の動きが少なく、うまくすくえない子どもには、縁が高い皿で練習させます。

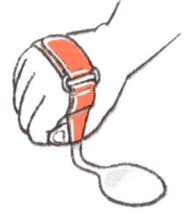

スプーンの柄を食べものに対して45度くらい斜めに持ち上げて、すくい方を教えます。

③ こぼしやすい

手首を動かさずに口へ運ぶとスプーンや口からこぼれやすく、一生懸命やっているのになかなか口に入らず、子どもはイライラします。

ひじを外へ開くように介助します。スプーンの先と口元が45度くらいの角度がつくように手を添えて教えます。

④ 「鉛筆持ち」に持ち替える

すくって食べられるようになったら、箸を使うことを目指して、「鉛筆持ち」（3点持ち）にします。

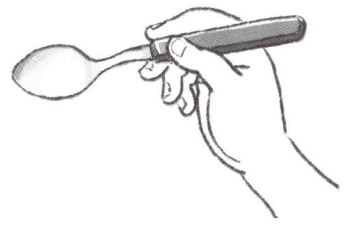

手の甲を下にして手の平が開いてしまう「握り持ち」になる子どもには、小指や薬指に物を握らせます。

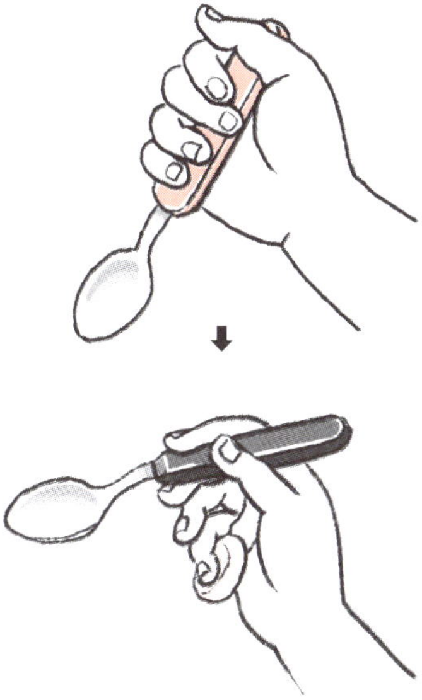

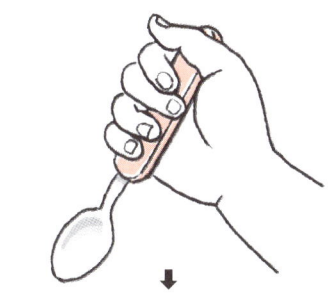

⑤ スプーンの動かし方

ご飯やおかずを皿から外へかき出してしまう子どもがいます。スプーンの動かし方が一方向になっているためです。スプーンの背で皿の中央に戻して、もう一度すくう方法を教えます。

★大人に食べさせてもらっていた時期から、手づかみ食べを経てはじめて使う道具です。本人の手にあったスプーンを用意し、正しい持ち方を教えながら、うまくいかないところはサポートしてください。なによりも「自分で！」の意欲を大切にしましょう。

フォークで食べる

スプーンの上だと転げ落ちてしまうおかずも、フォークに刺せば口まで容易に運べます。とがっていないスプーンの方が安全だと思い、先にスプーンを持たせることが多いのですが、子どもにはフォークの方がやさしいようです。

ステップ		
0	使ったことがない	☆☆☆☆☆
1	フォークを使って食べられない（持つだけ）	★☆☆☆☆
2	フォークに刺してやれば口に運ぶ（自分では、食べものの表面をひっかけるだけ）	★★☆☆☆
3	フォークで刺して口に運ぶ（刺しやすい物）	★★★☆☆
4	鉛筆持ちに持ち替える	★★★★☆
5	フォークを上手に扱える（転がるものを刺す。食べやすくまとめてから刺す。スパゲッティなども巻きつけられる）	★★★★★

1 フォークを持つ

スプーンとおなじように、まず手の甲が上にくる形（回内持ち）で持つように教えます。

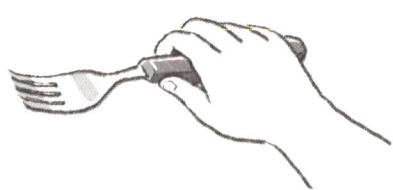

スプーンと同じで、柄が太めのフォークの方が持ちやすいでしょう。柄にホースやスチロールなどをかぶせて太くする方法もあります。

2 フォークで刺す

フォークで刺すときは手首を回す必要があります。手首の動きが少なく、刺しにくい子どもには、縁が高くなった皿を使います。縁に押しつけて刺すことを教えます。

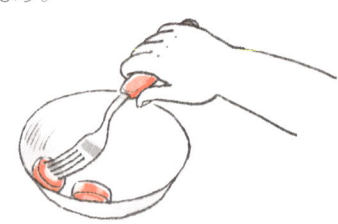

刺しやすいように先がとがったフォークをえらびます。プチトマトを刺せる程度のものが適当です。

刺す力の弱い子どもには、食品に見立てたねんどなどを刺して食器に移す遊びで、刺す要領をおぼえさせます。

持ちで持っておかずを刺すときの角度は、お箸ではさむときの角度とおなじです。お箸を使う移行段階です。

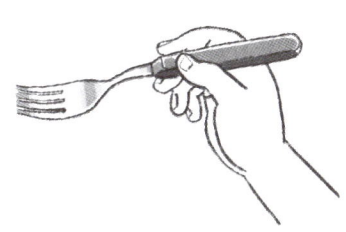

3 食べものを口へ運ぶ

ス プーンとは違い、途中で食べものを落とすことは少ないのですが、それでも、口に入れたときにこぼします。顔の斜め前からフォークの先と口の角度を45°程度にして、食べものを口に入れるように教えます。

5 上手に扱える

フ ォークでスパゲッティをくるくる巻き上げる手指の動作は、ネジを巻くのとおなじ動作です。ネジぶたの開閉ができる子どもに挑戦させてください。スパゲッティをスプーンの上にのせてフォークで巻くと、軸が固定されてやりやすくなります。

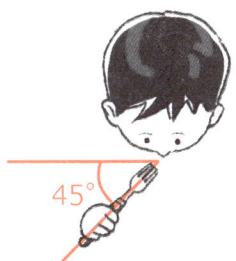

4 「鉛筆持ち」に持ち替える

刺 して口に運べるようになったら、箸を使うことを目指して、「鉛筆持ち」（3点持ち）に持ち替えていきます。鉛筆

★子どもがスプーンやフォークを投げるのは、大人があわてるのが面白い「遊び」になっているケースと、うまく使えない苛立ちの行動のばあいがあります。前者では、投げる直前に「投げない」と止めるか、投げてしまったときは拾わせるようにします。後者には、持ち方、使い方を観察して、使いやすくなるようにサポートします。

6 箸で食べる

スプーンやフォークを「鉛筆持ち（3点持ち）」でうまく使えるようになってきたら、箸の練習をはじめます。練習をはじめる前に、いすに座ったとき、フラフラしていないか、背もたれに寄りかからず座っていられるか、腰を立ててまっすぐ座っているか、足が床についているかなど姿勢を確認します。

ステップ		
0	使ったことがない	
1	箸を使えない（持つだけ）	★
2	箸を持って食べる（持ち方不安定・食べられるものが限られる・かきこんで食べる）	★★
3	箸で食べもの刺したり、すくったりして食べる（移行持ち）	★★★
4	箸で食べものをはさんで食べる（細かいものをこぼす・大きなものははさめない）	★★★★
5	箸を上手に使う（切り分ける・ほぐす・ひとまとめにする）	★★★★★

1 トングで練習する

最初、トングやピンセットで物をはさむ練習をします。つけ根がつながっていて、軽い力でも閉じて手を離すと開くような道具を用意します。小さめのケーキ用のトングがお勧めです。

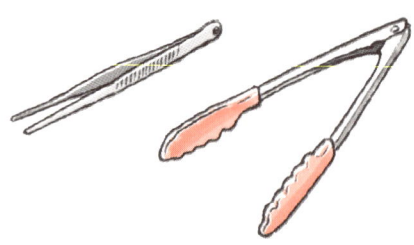

トングは箸の持ち方を意識して、鉛筆持ち（3点持ち）で持たせます。

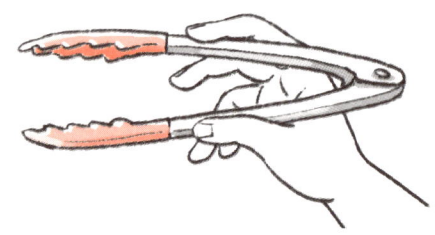

トングで小さな消しゴムなどをはさみ、皿に移す練習をします。

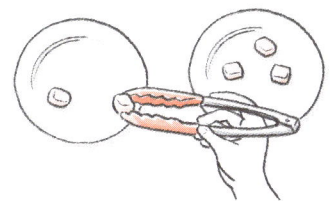

2 指数字の練習をする

箸の正しい持ち方は親指、人差し指、中指の3点で上の箸をはさみ、指先を動かして操作しますが、手の平で箸を開閉するように持つばあいは、指数字で1、2を出す練習をします。指の分離運動（5本の指をばらばらに動かす運動）は、箸を持つための基礎練習になります。

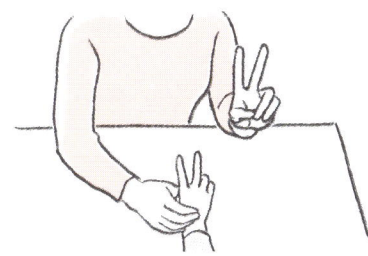

3 介助箸を利用する

握り箸でのかきこみ食べでは食べものをこぼしやすく、マナーにもかないません。誤った持ち方を長く続けてしまうと、後から修正することは大変になります。最初は、介助箸を使いながら、箸の持ち方、物をはさむ練習をします。

ピンセット箸→消しゴム箸→ビーズ箸の順で難易度が上がっていきます。

●ピンセット箸

ピンセット箸はリハビリ用の箸ですが、箸の開閉がしやすくなっています。箸を握ってしまう子どもにはこれではさみ方の感覚を教えます。

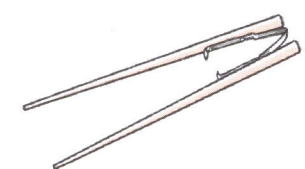

●消しゴム箸

ビーズ箸がむずかしいばあいは、ビーズのかわりに消しゴムを箸にはさんだ消しゴム箸を試します。

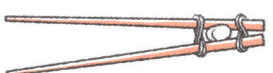

●ビーズ箸

ビーズ箸は子ども用の木製（または竹製）の箸に、直径7mmほどのビーズをはさみ、輪ゴムで固定したものです。ビーズと輪ゴムがあれば簡単に作ることができます。

普通箸の真ん中より少し上の位置で、親指、中指、人差し指の3点で上の箸をはさんで持ちます。

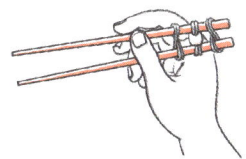

④ 介助箸から普通箸へ

ピンセット箸やビーズ箸を鉛筆持ちして、小さな消しゴムをはさんで皿に移す練習をします。

ビーズ箸ではさめるようになったら、下ゴム→上ゴム→ビーズの順に輪ゴムを外してステップアップしていきます。

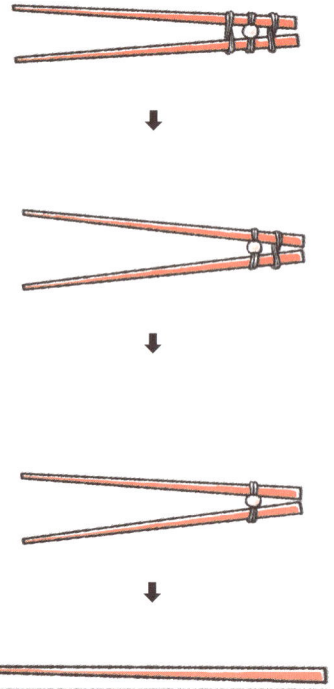

トングの練習から箸への切り替えがむずかしいばあいは、市販されている箸の「はしはじめ」を使って、箸を持つ位置や開閉の感覚を教えます。はしはじめが手に入らないばあいは、クリップ箸を作って代用してください。

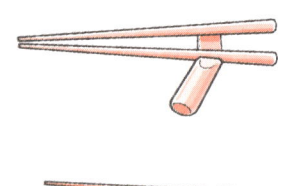

⑤ 箸の開閉を練習する

箸が交差したり、箸を開閉できない子どもには、大人が箸の間に指をはさんで、力加減を教えます。

箸を開くときに指が伸びて箸を落としそうになる子どもには、箸を持つ手の薬指と小指に消しゴムを握らせます。消しゴムを落とさないように指示し、手を開かないで箸を開閉する操作を教えます。

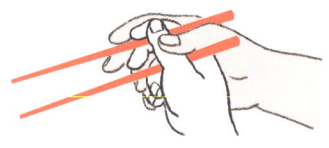

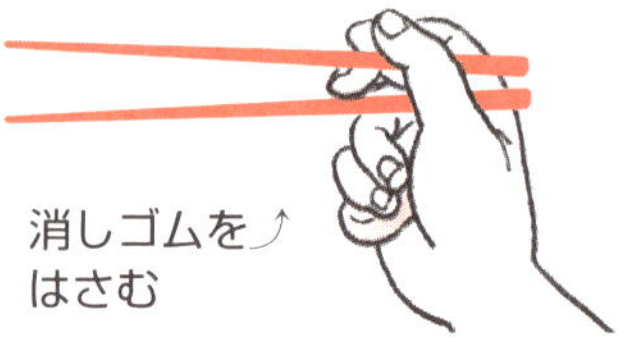

消しゴムを
はさむ

⑥ 箸ではさむ・開閉する

正しい箸使いをマスターさせるため、子どもが右利きのばあい、大人は正面から左手で介助します。大人が介助するポイントはつぎの3点です。

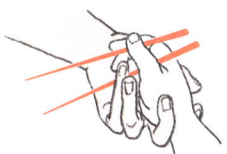

ポイント① 大人の小指を子どもの中指と薬指の間にはさみ、上の箸を支えられるように介助します。

ポイント② 大人の薬指で子どもの薬指と小指を支え、下の箸を支える介助をします。

ポイント③ 大人の中指で子どもの親指のつけ根を押さえます。①②③のポイントで支え、普通箸の開閉を教えます。

小さく切ったスポンジを普通箸ではさんで皿から皿へ移す練習をします。それができるようになったら、小さい消しゴムや豆など小さいものをはさむ練習や、ボルトなど重いものをはさむ練習も効果的です。

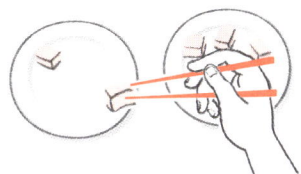

7 実際の食事で練習する

●ご飯ボールをはさむ

ご飯ボールを用意してはさむ練習をします。ご飯ボールの大きさは、箸を開いてはさめる大きさ（約2cmを目安）にします。

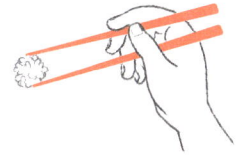

●ハンバーグをはさむ

ハンバーグや卵焼きを2cm角に切り、はさんで食べます。つぎに、ソーセージや煮物をはさむ練習へとステップアップしていきます。

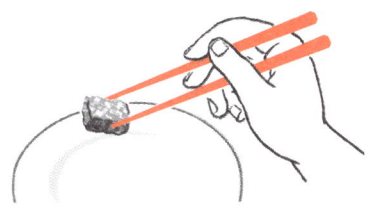

●切り分けて食べる

大きいおかずはかぶりつかずに切り分て食べる練習をします。コロッケなどやわらかいおかずが適しています。大きくお箸を開けないばあいは、おかずの真ん中に箸の片方を刺し、箸ではさんで半分にしてから小さく切り分けることを教えます。

茶わんからご飯を食べるときは、口に入れる適量をはじめに教えます。ご飯が残り少なくなってくると、箸でつまみにくくなりますが、かきこんで食べずに、箸で米粒を集めて固めてはさんで食べることを教えます。

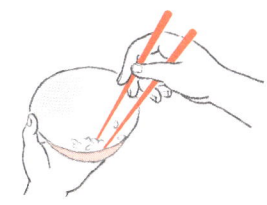

★箸をうまく使えない子どもにとって、箸使いの練習は気がすすまないものです。食事中にマスターさせようとすると、食事がただつらいだけの時間になってしまいます。箸使いは、食事時間以外の場面でも練習して、基礎的な操作を身につけさせましょう。焦らず、子どものステップにあわせて練習を進め、できたときは大いにほめ、お互いによろこびあいましょう。

7 偏食を改善する

「苦手な食べものがある子」と「偏食がある子」の違いは、「我慢すれば食べられる」のかどうかにあります。食べられるものが増えると、生活の幅が広がります。偏食を改善すると、災害時の非常食などにも対応でき、いざというときに生きる力になります。

ステップ
0	苦手なものに挑戦させたことがない	
1	苦手なものを食べられない、受けつけない（泣く・騒ぐ）	★
2	口の中には入れる（口の中にためる・途中で吐き出す・丸のみ・時間がかかる）	★★
3	好きな食べものをごほうびにしたり、細かく刻んだりの工夫があると自分で食べられる	★★★
4	自分からは手を出さなくても指摘されれば自分で食べる	★★★★
5	苦手なものでも自分から配慮して食べる（先に食べてしまう・混ぜるなど）	★★★★★

1 苦手度を判定する

おなじように拒否しているようでも、少しがんばれば食べられるものと、かなりがんばらないと食べられないものがあります。苦手度の低いものから試していきます。

少しうながしてみたり、他の食材に混ぜるなどして子どもの反応を観察して、何から練習をはじめるかを決めます。

2 「大好きレベル」をリストにする

苦手なものをがんばって食べるとき、何が「はげみ・強力なごほうび」になるかを知っておきましょう。食べものにあまり魅力を感じていない子どもには、おもちゃ、がんばったシールなど、強力なごほうびを用意します。「大好きレベル」を書き出してみましょう。

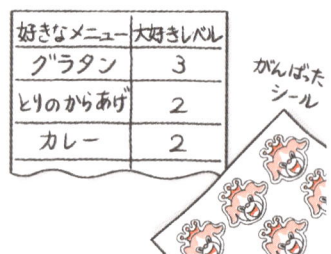

スプーンの上に、苦手なものを手前に、好きなものを奥にのせると、一緒に食べる子どももいます。このように、がんばったら、好きなものをもらえる、というルールを学ぶことが、はじめの段階になります。

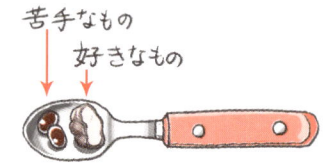

❸ ごく少量からはじめる

「苦手度の低いものから少しずつ」というのが基本です。はじめは爪の先ほどの量、口の中で溶ける量からはじめます。トマトは皮を取り、ご飯や芋などはつぶします。

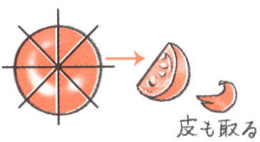
皮も取る

ほんの少しでも食べられたら、「トマト食べられたね」というように大げさにほめ、本人が「できた！」という自信を持てるような声かけをします。

❹ 噛んで飲むことをサポートをする

食べものを口から出してはいけないことを教えます。吐き出すくせをつけないために、はじめは口に手を添える介助を行ないます。

口の端に食べものをためて、飲み込まないばあいは、スプーンなどで液体を口に含ませたり、大人が指で歯の上に食べものをのせると噛んで飲み込みやすくなります。

噛まずに丸のみしようとする子どもには、あごの裏のやわらかいところを押すと飲み込みにくくすることもできます。

❺ 自分から配慮して食べる

最後には「自分から食べられる」ことを目指しましょう。「食べられるなんてお姉さんだね！」などの声かけをしたり、いつも全部残さず食べることが定着してくると、自分から「〜ちゃん○○食べる」といって苦手なものを先に食べられるようになっていきます。

食事以外の場面でも、「お兄さんお姉さん」意識が育ったり、苦手なことを受け入れられる力が身につくと、苦手だと気づかれないくらいに対処できる社会性が育ってきます。

★好きなはずの食べものでも、切り方や器が違ったり、冷めていると食べないというような強いこだわり、自分のルールを持っている子どももいます。食べられずに困るのは本人です。苦手なものを克服するのとおなじ手順で「大丈夫」「食べられる」体験を重ねさせてください。

8 果物の皮をむく

果物の皮むきは、両手を協調して行なう操作です。利き手と非利き手の使い方、力の入れ方がポイントになります。皮をむくには、親指と人差し指を対向（向かい合う）させる動き、手首を返す動き、左右の手を協応させる動きが必要です。

ステップ		
0	やったことがない	
1	大人と一緒にむく	★
2	皮をむく	★★
3	むきはじめを練習する	★★★
4	1人でむく（適切なところで止められず全部むく・ちぎれる）	★★★★
5	1人でちぎらずにむける	★★★★★

1 持ち方を教える

持ち方がポイントです。大人が手を添えて一緒にやってみます。
非利き手：指の上にみかんを置き、軽く親指で押さえるように持ちます。
利き手：手の平を下に向けて、人差し指ではなく、親指でむいていくことを教えます。

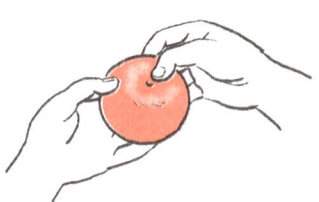

バナナは、非利き手でバナナを縦に持ち、利き手で十字に皮を倒していくように動かすことを教えます。

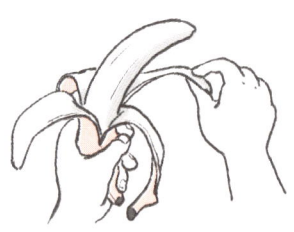

2 皮をむく練習

皮をむきはじめるところは一緒に行ない、半分くらいむけたら子どもにやらせます。みかんの皮と実の間に親指を差し込み、実から皮を少しずつはがします。このとき親指の先が下を向いているか、親指と人差し指が、OKサインをつくった時のように、丸く向き合っているかをチェックします。もし、空間がなければ大人が指を入れて、親指と人差し指を少し離すように介助して伝えます。

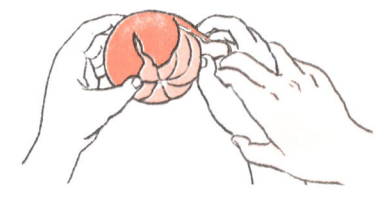

バナナは、むきはじめを大人がやると、あとは引っ張るだけです。下方へ引っ張ることを教えます。

③ むきはじめの練習

皮をはがすやり方がわかるようになったら、むきはじめを教えます。みかんのお尻（ヘタがない方）に、親指の爪を立てるようにして穴を開けます。親指を立たせるのがポイントです。

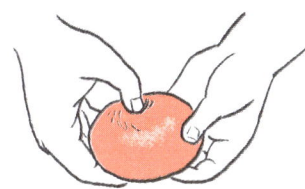

穴が開いたら、皮を持ち上げるようにしてはがします。皮がちぎれないように少しずつむく場所を変えていきます。

④ 皮を全部むく練習

皮がちぎれてもいいので、非利き手でみかんを回しながら、全体をむくように教えます。

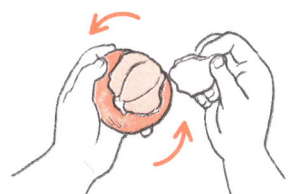

ヘタの部分は、利き手の人差し指と親指でヘタをはさんで持ち、実からやさしくゆっくりはがすように教えます。力が入るので、実をつぶさないように注意します。

⑤ 皮をちぎらずにむく練習

「やさしく、ゆっくり、ちょっとずつ」の力加減がポイントです。下までひと息にむこうとすると、ちぎれやすいので、みかんを回しながら少しずつむいていきます。親指の側面を実と皮の間に割り入れるようにすると、皮をちぎらずむけます。バナナは、持つ部分を残してむきます。「持っている所までむいて」と指示したり、輪ゴムをつけて「ここまで」と目安をつけても効果的です。

バナナの皮を一度握ると最後まで離せない子どもには、空中でグーパーと手を開いたり閉じたりする練習をします。そして、「パー」と言われたら手を開いて、バナナの皮を途中で離すことを教えます。

★うまくむけないときは、小ぶりで皮の薄いみかんよりも、大きめで皮が厚くぶよぶよしているものをえらんでください。ちぎらないでむくときには、「皮がお花になるようにむくよ」と指示するとイメージしやすく、できたかどうかの目安になります。

9 袋やふたを開ける

ヨーグルトのふた、お菓子の個包装、ペットボトルのふたを自分で開ける生活技術はぜひマスターさせたい課題です。練習方法はほぼおなじです。開けるのに適した力の入れ加減、力を入れる方向、両手の使い方を教えます。

ステップ		
0	開けたことがない	
1	開けることを経験する	★
2	1人で途中から開ける	★★
3	1人ではじめや最後を開ける	★★★
4	1人で全部開ける	★★★★
5	つぶさずに、こぼさずに開ける	★★★★★

1 開けることを経験する

はじめのきっかけや、開けにくい部分は大人が開け、少しでも開けることに参加させます。動きがわからないばあいは手を添えて教えます。自分で開けて食べられると、意欲も高まります。

容器を支える手とふたを開ける手というように、左右の手の役割が異なります。はじめから両手を上手に使うことはむずかしいので、まずは大人が容器を支えて練習させます。

子どもが自分で開ける割合をじょじょに増やしていきます。

指先の力が弱かったりつまむ動作がむずかしいばあいは、紙やねんどをちぎる、洗濯バサミをつけはずしするなど遊びのなかで指先を使うことを意識してとりくみましょう。

2 途中から持って開ける

子どもが自分で容器を支えて、途中まで開けてもらったふたを開ける練習をします。

③ 力が必要な部分を開ける

袋の開け口やペットボトルの開けはじめは、コツや力が必要です。容器を大人が支えて練習させます。
ラベルをはがしておくとボトルが固定しやすくなり、開けやすくなります。

④ 1人で全部開ける

子どもが自分で容器を支えて、はじめから終わりまで1人で開ける練習をします。はじめは力の加減がうまく調整できずに、中身がこぼれてしまうこともありますが、自分で開けられたことをほめます。

⑤ つぶさず・こぼさずに開ける

お菓子の個包装は、中身がつぶれてしまわないように、こぼれてしまわないように開けられることが最終目標です。ゆっくり、慎重に開ける練習をくり返します。

一口ゼリーは、容器の上まで中身が入っています。容器を傾けると汁がこぼれてしまいます。容器をまっすぐ持つように大人がそばで声かけをしたり、支えたりしながら練習します。

ゼリーやヨーグルトのふたをはがすとき、中身が飛び出てしまわないように、ゆっくり少しずつ開けること、ふたを引っ張る方向を指示したり、大人が手を添えることで教えます。

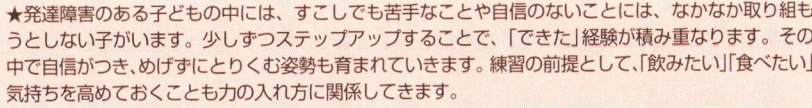

★発達障害のある子どもの中には、すこしでも苦手なことや自信のないことには、なかなか取り組もうとしない子がいます。少しずつステップアップすることで、「できた」経験が積み重なります。その中で自信がつき、めげずにとりくむ姿勢も育まれていきます。練習の前提として、「飲みたい」「食べたい」気持ちを高めておくことも力の入れ方に関係してきます。

テーブルをふく

食事の前にテーブルをきれいにします。テーブルに食器を置いたり配膳したりする前の重要な仕事です。本人の仕事と自覚すると、進んでお手伝いができるようになります。小さい頃から任せることもでき、子どもにも達成感がある、やりがいのあるお手伝いです。

ステップ
0	やったことがない	
1	ふけない	★
2	汚れに関係なく、部分的にふく	★★
3	まんべんなくふける（汚れに関係なく）	★★★
4	汚れを意識し、まんべんなくふける（ごみを下へ落としてしまう・汚れが残る）	★★★★
5	汚れに応じてふける（はじめにごみを集めておく・台ぶきんが汚れたら替えたり、洗ったりする）	★★★★★

1 汚れをふきとる

テーブル全体をふくのはむずかしくても、自分が食事をした後のこぼしや、目の前の目立つ汚れなどを台ぶきんやティッシュを使って、ふき取らせます。

2 部分的にふく練習

全体に手が届く範囲（足が浮かない程度）をふく練習をします。大きなテーブルのばあいは場所を区切ってやらせます。

×よくない例

台ぶきんを濡らして絞り、最初は両手がのる程度の大きさにたたみます。

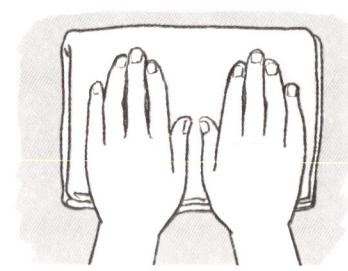

テーブルに対して腕の力を垂直にかけすぎると、台ぶきんは滑りません。テーブルに対して水平に力をかけると、手が台ぶきんの上から落ちてしまいます。

腕とテーブルの位置は斜め45度くらいのイメージで動かします。両手でテーブルの上をスムーズに動かせるようになったら、片手でふく練習をします。

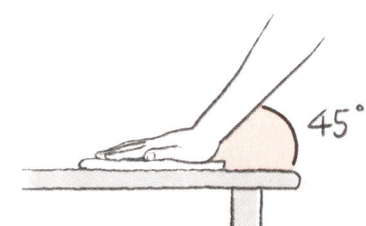

45°

❸ まんべんなくふく練習

台ぶきんに両手をのせ、端から「前」「後ろ」の声かけで少しずつ横にずれていきます。

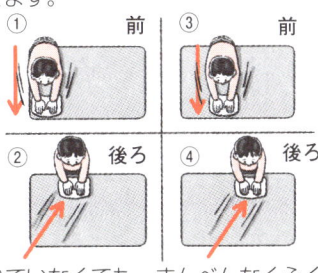

汚れていなくても、まんべんなくふくことを指示します。テーブルにシールを貼ったり、透明なデスクマットに印をつけたりする工夫も効果的です。

❹ テーブルのごみを取り除く

こぼれたお茶や調味料など、少量の汚れをふき取る練習からはじめます。テーブルに視覚的にわかりやすく、目立つ色の汚れをつけて練習しても効果があります。

ティッシュなどで小さなごみをテーブルの端に集めさせ、テーブルの端にごみ箱を持って来て捨てることを教えます。ごみをなくしてからテーブルをふくようにします。

ごみの上に台ぶきんをかぶせ、両手ではさんでごみを取る方法を教えます。ごみの量が少ないときは片手ではさむことも教えます。片手ではさむときは、手首を返すのがポイントです。

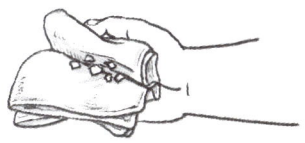

❺ 台ぶきんを洗う練習

汚れた台ぶきんを流しに持って行って洗うことを指示します。台ぶきんを洗ったら、しっかり絞ることを教えます。

★台ぶきんでテーブルをふくには、自分の腕に体重をかけることが必要です。姿勢を崩すことなく、逆に力を入れすぎることなく、台ぶきんに力を加えていくことを教えます。また、最初は視覚的にわかりやすい汚れをつけたり、大きなごみを置いたり、ふくべき道筋・手順を示しながら練習します。

11 食事を並べる

物を運ぶ作業は、道具を扱うことの基礎です。お手伝いの基本動作でもあります。大人の指示にしたがって運ぶことは、コミュニケーションの練習にもなります。「お手伝いはまだ先」と思わずに小さい頃からとりくみましょう。

ステップ

0	運ばせたことがない	
1	運べない	★
2	持たせて呼べば、運んで置ける	★★
3	1人で運んで、指定された場所に置く	★★★
4	自分でつぎつぎと運び、大体の位置に配膳できる(箸、お茶わん、おわん、お皿などをひとまとまりにする)	★★★★
5	汁物もこぼさず、また、家族の食器や大皿をほどよい場所に並べる	★★★★★

1 手に物を持つ練習

手に物を持たせようとすると手を反らせて握ろうとしない子どもがいます。おもちゃをおもちゃ箱に片づけることからはじめましょう。手を添えて持たせることからはじめて、握ること、おもちゃ箱で離すことを練習します。手を添えてティッシュのように軽いものを握らせて、ごみ箱の上で離す練習も効果的です。

だんだん手を伸ばして自分で物を握り、持つようにしていきます。入れ物を体から少し離しても手を伸ばして入れることができるようにしていきます。

2 運んできて置く練習

物を落とさなくなったら、スプーンやお箸、空のコップ、マヨネーズの容器などから運ばせます。上達具合に合わせて食器にも挑戦させます。

手招きや声かけで歩み寄ってくるようになると、ぐんと1人でできている感じになります。少し距離が離れても運んでこられるように練習します。

テーブルまで運んできたら、指を差したところに置くように指示します。指差しの意味が伝わらないばあいや、雑な置き方をす

る子どものばあいは、手を添えて両手でそっと置く練習をさせます。

③ 食器を正しく並べる工夫

食卓のうえにご飯や味噌汁、箸を正しい位置に並べるのはむずかしい課題です。ランチョンマットを用意して、そのうえに置くことからはじめます。食器の絵が描いてあるランチョンマットを使うと並べ方がわかる子どもがいます。箸置きがあると、箸の向きも教えやすくなります

大人が正しく並べて、その見本に習って並べたり、正しく置かれた写真と見くらべて並べることをマスターした子どももいます。

④ お盆を使って運ぶ練習

お盆で運ぶには体のバランスが不可欠です。お盆のうえに濡れたふきんを敷くと滑り止めになります。

お盆を体に密着させて支える方法もあります。

お盆から食器をおろすとき、片手でお盆を持ったまま、食器を置こうとする子がいます。お盆を食卓に置いてから、食器を1つずつ両手で持ってていねいに置くように教えます。「これはお父さんのお箸、お茶わん。だからここに置いてね」とくり返し教えます。みんなで食べる大皿の置き場所なども指示します。

⑤ 家族の分量をよそって運ぶ

ごはんを「たくさん」欲しいのか「少し」がよいのかなど、家族に聞き、その量をよそうことを教えます。
指示されたお手伝いから、気遣いをしたお手伝いへとステップアップさせていきます。

★配膳は小さい頃から練習しやすいお手伝いです。将来の就労の場で、指示された場所まで物を運ぶ、という場面でも役立ちます。また、こぼしてしまったばあいは、自分でふかせるようにします。「こぼしたら自分でふく」と教えるだけでなく、ふくのが大変だからこぼさないようにしよう、と意識させることにつながります。

12 注ぐ・よそう

お茶を入れたり、食べものをよそう仕事は、子どもが興味を持ちやすく、毎日行なう作業です。注いだり、よそう動作は調理器具を正しく使う技術が必要で、きれいに盛りつけるなどの気配り・社会性まで身につけることができるお手伝いです。

ステップ		
0	やらせたことがない	☆☆☆☆☆
1	コップに注ぐ	★☆☆☆☆
2	ご飯をよそう	★★☆☆☆
3	おかずなど汁物でないものを入れられる	★★★☆☆
4	お玉で汁物を器に入れられる	★★★★☆
5	適量・均等によそう	★★★★★

1 コップに注ぐ練習

水が入ったボトル、紙パック、ピッチャーなどをしっかりと支えさせます。

注ぎ口に注目し、こぼれない程度で止めさせます。適量がむずかしい子どもにはコップにテープなどで印をつけて、目安を示します。コップが滑ってしまうばあいは、コップの下に濡れぶきんを敷きます。ピッチャーに水を少なめに入れると、注ぎやすくなります。

2 ご飯をよそう

お茶わんは4本指をそろえて茶わんの底（糸底）を支え、縁に親指をかけて、持たせます。

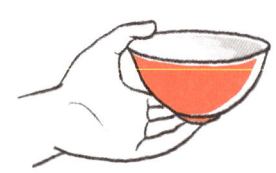

ご飯をよそうときには手首を返します。むずかしいばあいは、大人が手を添えて動きを作ります。熱くてよそえないときは、ご飯をいったんボウルなどに移し替えて練習しましょう。

③ おかずを皿に盛りつける

大皿から小皿に取り分けさせます。スプーンで簡単によそえるもの、たとえば、マーボー豆腐などが適当です。

フライ返しの扱いがむずかしい子どもは、あらかじめタオルなどで練習します。ホットケーキはすくいやすくお勧めです。炒め物、目玉焼きなどの平たいおかずなどにも挑戦します。

④ お玉で汁物を器や皿に入れる

皿が大きいカレーではじめます。お玉ですくうには、手首を返す動きが必要です。

味噌汁はおわんの中でお玉を動かすので、よりむずかしくなります。こぼしてしまう子どもには手を添えて動きをおぼえさせます。

⑤ 適量・均等によそう

適量がわかりにくい子どもには、盛りつけた写真など見本を示します。均等によそってあるかどうか、盛りつけた皿をくらべさせて、確認させます。

よそうことになれてきたら、器についた汁をふき取ったり、きれいに盛りつける「気配り」を教えます。

★盛りつけや配膳のお手伝いをはじめた子が「いつもおいしいごはんを作ってくれてありがとう」とお母さんに言ったという嬉しいエピソードがあります。お手伝いをすることで、感謝される機会が増え、感謝することの意味がわかるようになり、自分も感謝の気持ちを伝えたくなったのだろうと思います。

13 食後にテーブルを片づける

食後の片づけは、小さい子どもでもとりくみやすいお手伝いです。自分のコップなど、扱いやすい食器を運ぶことからスタートし、じょじょにおなじ種類の食器をまとめて片づけられるようにしていきます。

ステップ

0	やったことがない	☆☆☆☆☆
1	片づけない（片づけ方を知らない、できない）	★☆☆☆☆
2	持たせて呼ぶと指定された場所へ運んだり、しまったりできる	★★☆☆☆
3	自分で指定された場所へ片づける（自分の分くらい）	★★★☆☆
4	同種の食器を重ねて、まとめて片づける	★★★★☆
5	食器を片づけた後、テーブルの上や床の汚れやこぼしたものに気づいて処置できる	★★★★★

1 食器を下げる

器を1つずつ両手で運ぶ練習からはじめます。中身が入っていない、プラスチック製の食器だと安心ですが、1人で運ぶのがむずかしいばあいは大人が手を添えます。小さい子どもには、流し台に届くように踏み台を用意します。

流し台の指示した場所にそっと置くことを教えます。じょじょに手出しを控え、自分で運び、置けるようにしていきます。

ように少しずつステップアップしていきます。

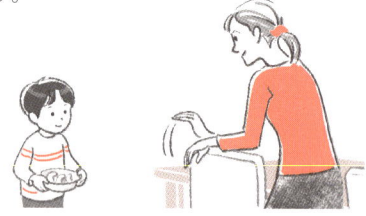

洗う食器は流し台へ、マヨネーズは冷蔵庫へ、ランチョンマットはここ、というように、片づけ場所を広げていきます。

2 指定された場所へ運ぶ

落とさずに持ち運べるようになったら、手前から手招きをして食器を運ばせ、指定した場所に置く練習をします。最初は近くから手招きし、距離が離れても運べる

3 食器を運ぶ方法

「**ご**ちそうさま」をしたらすぐに片づける習慣をつけます。大きい食器の中に小さい食器を重ねて運ぶ方法を教えます。片づける場所に、子どもにわかる絵や写真を貼り付けておくと効果的です。冷

蔵庫・食器棚・流し台などの言葉も、くり返し教えます。

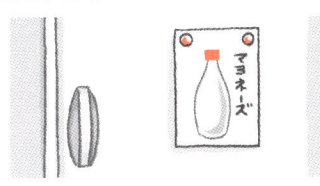

慣れてきたらお盆を使って、複数の食器を一度に運びます。食器が滑ってしまうばあいは、お盆の下に濡らしたふきんを敷いておくと安定します。お盆は、持ち手のあるものがお勧めです。

4 家族の食器も運ぶ

家族の食器も片づけることを教えます。テーブルの上で、「お茶わんはお茶わん、お皿はお皿……」と、同種の食器を重ねる練習をします。できるようになったら、お盆にのせて運ばせます。

家族の食器を片づけることは、家庭の中で役割を持つことにつながります。「たすかった」「ありがとう」などと感謝される体験を通し、役割を果たすことの手ごたえを感じる機会にしたいものです。

5 食卓をきれいにする

最後に食べこぼしなどの汚れをティッシュでふきます。食べかすは、「落とさないように」と声をかけながら、大人が手を添えて集め方を教えます。1カ所にまとめてからふき取るときれいに取れることを体験させます。

大きなごみがなくなったら、食卓を台ぶきんでふきます（「テーブルをふく」26ページを参照）。

最後に床をチェックします。食べこぼしをティッシュで取ってから雑巾で床をふきます。台ぶきんと雑巾は区別しやすいものを用意して、台ぶきんと雑巾の用途を教えます。

★食後の片づけを教えるのは、はじめのうちは手間かもしれません。自分でやってしまった方が早いと感じられるでしょう。でも、毎日とりくんでいくと、子どもに任せられる事柄が増え、調理に興味を示すこともあります。お手伝いは、子どもの自信や意欲につながります。

14 食事の決まりを守る

食事は、一家だんらんの場です。さまざまな決まりを守れないと、「食」という楽しみを共有できないばかりか、単に食欲を満足させるためだけの行為になってしまいます。食事の決まりを守ることを通して、自己をコントロールする力や周囲の人びとへの意識も高まります。

ポイント
- 決まりを守れない　　　　　　　　　　　　　　　　　★★★★★
- 「いただきます」「ごちそうさま」のあいさつをする　　★
- みんながそろうまで待つ　　　　　　　　　　　　　　★★
- 食事中は席を立たない　　　　　　　　　　　　　　　★★★
- 刺激になりそうなものは片づける　　　　　　　　　　★★★★
- 周りのペースも見ながら食べ終える　　　　　　　　　★★★★★

1 はじめ・おわりのあいさつをする

「いただきます」で食事がはじまるというパターンをきちんと作ります。言葉でなくても、手を合わせおじぎをするという動作でもかまいません。

「いただきます」をしてから食べる、「ごちそうさま」をしてから席を立つことが、動作の区切りになり、食事への集中も高まります。こうしたあいさつを通して感謝の気持ちを育てていきます。

2 みんながそろうまで待つ

食事をはじめるのは、家族がそろって、「いただきます」を言ってから、という決まりを作ります。

食べものを目の前にすると待てない子には、配膳を手伝わせたり、10数える間は待つ、タイマーを使うなどしていつまで待てばよいかをわかりやすく伝えます。待てたときにはほめてあげ、待つことを定着させましょう。周囲に合わせる力が育まれていきます。

3 食事中は席を立たせない

集中持続力の弱い子どもは、食事中でも遊びたくて席を立ったり、用事はないのにフラフラと立ち歩いてしまうことがあります。大人が隣に座る、さっと立ちあがりにくいような位置に座らせる、など配慮します。

立つのはだめ　すわるよ

4 刺激になるものは片づける

食事前まで読んでいた本をテーブルの上に置いてしまい、食事中にそれを読みはじめる子ども、テレビに見入ってしまう子どももいます。食べることに集中できないと食べこぼしやだらだら食いの原因になります。

食事の前には、おもちゃや本、食卓を片づけること。テレビも消しましょう。

5 周りのペースも見ながら食べ終える

みんなで食卓を囲んでいても、1人でさっさと食べてしまい、ゲームをはじめたり、本を読んでしまうなどのマイペースな子どもがいます。小さいうちなら、大人の話につき合わせることがむずかしい、ということもありますが、一定の年齢になったら、周りのペースも意識させていきましょう。

食べ終わりがだいたいそろうように、食事のペースを調整するのは、少し高度な内容にはなりますが、隣の人のお皿と同じくらいおかずなどが残っているかどうか、を判断させながら、とりくんでいきましょう。

★年齢が高くなると、「ただいま」と言った後は自室にこもり、親子が顔を合わせるのは食事のときくらい、という話もよく聞きます。そうした貴重なコミュニケーションの場を、親が一方的に質問するのではなく楽しい会話にできるよう、話題にも配慮したいものです。

15 食事のマナーをマスターする

人と一緒に食事をする際には、食卓を囲んだ全員が気持ちよく食事をとることが大切です。食器具の使い方と並行して、きれいに食べることや人と一緒に食べるうえでの振る舞い方をくり返し教えましょう。

ステップ
0	マナーを意識させたことがない	☆☆☆☆☆
1	食べ方の基本を教える	☆☆☆☆★
2	体でマナーをおぼえる（習慣にする）	☆☆☆★★
3	マナーとして教える	☆☆★★★
4	マナーのバリエーションを増やす	☆★★★★
5	自分でマナーに気をつける	★★★★★

1 食べ方の基本

食器の使い方がある程度身についてきたら、手づかみをしない、落としたものを食べないことを教えます。落としてしまった食べものは子どもに拾わせて一定の場所に片づけさせ、落とした箸は自分で洗わせます。

自閉的な傾向のある子どもはチャーハンやサンドイッチ、クリームをはさんだクッキーなど、食材の混ざり合った料理が苦手で、より分けて別々に食べようとすることがあります。はじめは嫌がるかもしれませんが、一緒に食べることを教えます。じょじょに慣らしていきます。

・姿勢よく食べる
・茶わんを持って食べる
・ひじをつかない
・かきこまない

2 形からマナーを教える

マナーよく見える食べ方を姿勢などから教えて習慣づけます。形でおぼえていくことは、子どもにとっても学びやすい方法です。

3 マナーとして教える

技術が身につき、「できた・できない」が理解できるようになったら、自分で気をつけられるよう意識づける働きかけをします。食卓に鏡を置き、口元を汚さず食べられたかを自分で確認させます。

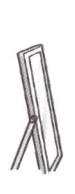

おかずとご飯、味噌汁を交互に食べる「三角食べ」を教えます。はじめのうちは「お

かずを二口食べたらご飯を一口食べる」というように具体的に指示します。

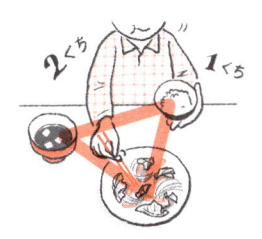

また、口の中に食べものが入っているときは話をしないことも教えます。

4 バリエーションを増やす

慣れた場面でのマナーが身についてきたら、バリエーションを増やしていきましょう。大人が見本を示し、よりよい振る舞い方を教えます。周りのペースに合わせて食事ができるのもマナーの1つです。早く食べてしまう子には「○分までは食事をします」と事前に決めておきます。

会話を楽しみながら食事をすることも大切です。複数のことを同時にすることが苦手な子には、「食べてしまってから話をする」ことを食事の前に伝えておきます。メンバーにもその旨を伝えておきます。

5 マナーを意識させる工夫

自覚して臨機応変に行動できることが最終目標です。食事の最中に気をつけてほしいことを絵や文字で2つほど書き、それを示して「約束」として確認してから食べはじめましょう。テーブルの見えるところに置いておくと意識を高める効果があります。

食事の最中にも「よくできているね」と確認の言葉をかけ、行動が持続できるようにサポートします。食後にも、できていたかどうかを子どもにきちんと伝えます。そのことで、子ども自身が自分の行動をふりかえるきっかけになります。

★食事のマナーはたくさんあるため、いくつも約束しがちです。約束は2つほどに絞り、定着してきたらつぎを課題にします。いくつもあげてどれもできずにいるよりは、課題を絞って意識させる方が、定着への近道になります。

16 食器を持って食事をする

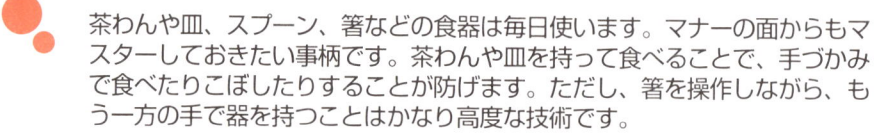

茶わんや皿、スプーン、箸などの食器は毎日使います。マナーの面からもマスターしておきたい事柄です。茶わんや皿を持って食べることで、手づかみで食べたりこぼしたりすることが防げます。ただし、箸を操作しながら、もう一方の手で器を持つことはかなり高度な技術です。

ステップ		
0	意識させたことがない	
1	器もスプーン（箸）も持たせるとすぐに離してしまう	★
2	スプーン（箸）を2、3回口に運ぶと置いてしまう	★★
3	指摘されると器とスプーン（箸）を持っている（気づかぬうちに置いてしまう・器を水平に支えるのに苦労する）	★★★
4	自分で器とスプーン（箸）を持続して持って食事をする	★★★★
5	自分で器とスプーン（箸）を適切に持って食事をする（器に受けて食べる・器の大きさや状況にあわせて持つ）	★★★★★

1 大人が手を添える

まずは、器に手を添えることを教えます。子どもの手を器に添えさせ、そのうえから、大人が手をのせます。「手で持つのがマル」と声をかけながら行ないます。

「手で持つのがマル」

2 器への意識を持続させる

手を添えることがわかってきても、継続することはむずかしいものです。意識し続けるためにも、手が離れそうになったら、「あれ？　手は？」など声かけで気づかせたり、ときには「ごはん、飛んでいっちゃうよー」とちょっとあわてさせるのもアイディアです。

「ごはん、飛んでいっちゃうよー」

③ 茶わんの持ち方

子どもの手に合った大きさ、重さ（食べものが入った状態で）のある茶わんをつかいます。茶わんは、イラストのように上側を親指で押さえ、底（糸底）を4本の指をそろえて支えます。

○

○

×

×

④ カードを活用する

「自分で」という意識を高められるように、工夫をしましょう。「しょっきをもつ」と書いたカードをテーブルの上に置いておいたら、自分でときどき見て、気をつけられるようになった子どももいます。

⑤ 食卓といすを離してみる

おかずを取るときは、茶わんをおかずに近づけます。おかずをはさんだ箸先が口元へ移動するのに合わせて、茶わんを口元に移動するとこぼすことが減ります。
茶わんを持つことを意識しにくい子どもは、テーブルといすを離してみます。茶わんを持たないとご飯が食べられないので、茶わんを意識させる効果があります。

★カレーやスパゲッティーをよそった大きめな皿には手を添え、おわんやご飯茶わんは片手で持つ、というように器にあった手の使い方を教えます。食器を食事の間中持ち続けるためには、姿勢を正しく保つ必要もあります。

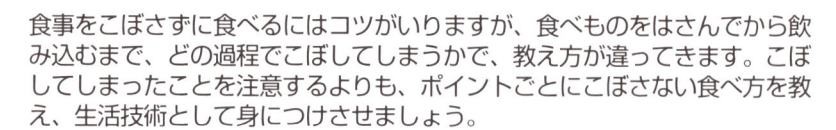

17 こぼさずに食べる

食事をこぼさずに食べるにはコツがいりますが、食べものをはさんでから飲み込むまで、どの過程でこぼしてしまうかで、教え方が違ってきます。こぼしてしまったことを注意するよりも、ポイントごとにこぼさない食べ方を教え、生活技術として身につけさせましょう。

ステップ
0	意識させたことがない	★☆☆☆☆
1	口や器から常時こぼす	★☆☆☆☆
2	こぼさずに取り込める（一口の分量を大人がコントロールする・スプーン（箸）操作が不十分で、途中でこぼしがち・口元からあふれることもある）	★★☆☆☆
3	おおむねこぼさず食べる（こぼさないように気をつけてはいない・かきこむ・落としても拾わない）	★★★☆☆
4	自分で気をつけて、こぼさないように食べる（かきこまない・落としてもすぐ片づける）	★★★★☆
5	食べにくいもの（ボロボロするもの、汁物など）もこぼさずに食べる	★★★★★

1 正しい姿勢で食べる

食べものを口まで運んでいる過程でこぼれるばあいは姿勢の崩れが主な原因です。
椅子に深く座り、テーブルとお腹を近づけます。床に両方の足の裏がついていないと体をしっかり支えられません。足が床につかないばあいは足下に台を用意し、しっかり足を安定させましょう。

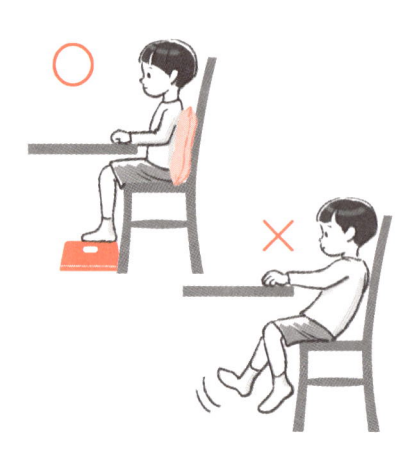

2 口からこぼさない練習

口いっぱいにほおばると、噛んでいる間に口からあふれてしまいます。はじめは大人が1〜2cm角に切り分けます。飲み込んだらつぎのひと口を入れるよう教えます。
また、フォークや箸を噛んで、食べものを口に入れていると、口の端からこぼれることがあります。口に入れた後、唇を閉じてからフォークを引き抜くことを教えます（「1 噛んで食べる」6ページを参照）。
噛むことが未熟なうちは、噛んでいるうちに唇が開き、口から食べものがこぼれます。「口を閉じてね」と声をかけ、指で唇を押すなどして口を閉じることを教えます。

③ 食べものを口元まで運ぶ

フォークの刺し方が不十分だったり、スプーンを水平に保てないと、口に運ぶまでの間に落ちてしまうことがあります。箸を使いたての子どもは、ご飯を器からかきこみ、口の端から多量にこぼれるということがよくあります。ご飯、おかずをはさんで口元まで運ぶことを教えます。

④ 器に手を添える

ご飯茶わんでおかずを受けると格段にこぼすことが少なくなります。平皿でカレーやスパゲッティなどを食べるときは、皿に手を添えることを教えます。

片一方の手で器を支えることを習慣づけることで、手づかみや、手で食べものを押さえてフォークを刺すといった行動がなくなっていきます。

「左手は持つだよね」

⑤ こぼしたものは片づけさせる

口へ運ぶ前に、食べものを箸で切り分けたり、ボロボロするものを集めたりすることもこぼさないための工夫です。

こぼしたものは、自分で拾わせ、空いた皿など適切なところへ片づけさせます。
あわせてこぼしたものは食べない、というルールを教えます。こぼすと食べられないと気づくと気をつける子どももいます。

★こぼさずに食べることは、噛み方やスプーン、フォークの扱い方、左手の使い方と関係しています。マナーとして教えていく一方で、手指や口の動きが十分にできているかを確かめていくのがよいでしょう。食事の他の項目もあわせて、ご参照ください。

18 適切な量の食事をバランスよくとる

数種類のおかずを出したのに特定の食材しか食べない。食べる量が少ない。特定のおかずだけを大量に食べる。子どもが自分でバランスよく適切な量の食事をとることはなかなか身につかない習慣です。毎回の食事でていねいに教えていく必要があります。

ステップ
0	本人の判断に任せたことがない	
1	食事のコントロールがきかない（過食・少食・盗食・過度の偏食など）	★
2	自分に決められた分は、残さず食べる（それ以上は言われれば我慢できる）	★★
3	量としてほどよく食べられる（自分で適当な量で止められる）	★★★
4	メニューの中で、バランスよくえらべる（大皿からとる・バイキングなど）	★★★
5	自分で食事内容・量・バランスを考えて食べる（最近をふりかえって過不足を調節する）	★★★★★

1 自分の分を示す

自分が食べるものがはっきりわかるように、1人前を出します。お弁当箱やプレートタイプの食器に盛りつけると、自分の分がわかりやすく、食べる量の見通しが立てやすくなります。

過食ぎみのばあいは、自分の分を食べ終えたら、「おしまい。ごちそうさま」をルールにします。

2 ルールを作る

決められた量を食べたら、デザートやおかわりがもらえるというルールを設けます。
ひっきりなしにおかわりをしてしまう子どもには、「おかわりは1回」と、常に同じルールで対応します。

3 だらだら食いの対応

集中の持続がむずかしく、食べている間に手が止まってしまう子どもは、だらだら時間をかけてしまいがちです。
1食分がすべて目の前にあると、それだけでお腹がいっぱいになったような気分になります。少量ずつ出されるとゴールがわかりやすくテンポよく食べられます。

- 5分程度で食べられる分量を小皿に取り分けます。
- 小皿を食べきるたびにごほうびの果物が食べられるルールを作ります。
- 小休止を入れながら、3〜4回程度くり返し、適量を食べさせます。

4 食べられる量がわかる工夫

ご飯や味噌汁を自分でよそわせます。はじめは多すぎたり少なすぎたりするかもしれません。失敗を重ねながら適量がわかるようになります。

日によって食欲は異なります。3段階くらいの目安を決めておき、自分で判断できるようにしていきます。間食でも、スナック菓子などは「お皿にのる分だけ」「3つまみ」など、はじめに大人が適量を教えます。その後、子どもに任せていきます。

5 バランスよくえらぶ

バランスのよい食事の基本を教えます。たとえば、主食（米、パン、麺など）、汁物、主菜（魚、肉、卵、乳製品など）、副菜（野菜など）の区別を教えます。主食は黄、肉や魚は赤、野菜を緑としてバランスを考えさせてもよいでしょう。

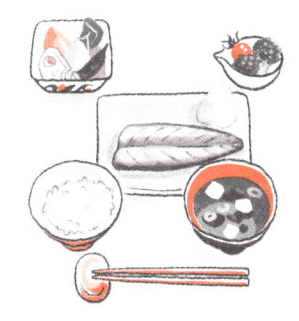

大皿から取り分けるときは、好きなものばかり取らないように、「1回に取るのはトングひとはさみ分」「かならず野菜を取る」などのルールを決めておきます。

6 自分で食事を考えて用意させる

自分で食事内容・量・バランスを考えて食べることができるようになれば、簡単にできる料理を作らせます。朝ごはんならば、「ご飯・味噌汁・卵焼き・鮭」「パン・目玉焼き・ベーコン・ヨーグルト」というように基本のパターンを数種類決めておきます。

★食事量が少ないばあい、食べる時間を延長しても量は増えません。少なめでも出された食事を完食する習慣を作ることからはじめてください。一方、肥満体質のばあいは食事だけでなく間食や水分摂取量にも気をつけます。大人が食事量をコントロールして、子どもに適量を教えます。

19 時間内に食事をする

食が細い子どもや集中が短い子どもは、食事の時間が長くなりがちです。みんなと一緒に食べるときは、食事にかける時間が決まっていることを教えます。偏食や箸使いなどの課題をある程度クリアしたら、時間内に食べられるように意識をさせ、周囲にあわせる練習をします。

ステップ		
0	意識させたことがない	☆☆☆☆☆
1	決められた量は食べ終える	★☆☆☆☆
2	声かけやカウントで早く食べようとする	★★☆☆☆
3	タイマーを意識して食べる	★★★☆☆
4	指定された時間内に食べる	★★★★☆
5	自分で時計を意識して食べる	★★★★★

1 決められた量を食べる

自分の分を残さずに食べることを教えます。食べ切れる量を小皿に取り分けます。少なめの量からスタートするとよいでしょう。

どうしても食べきれそうもないときは、「あと一口」「このお皿だけ」などと終わりを決め、目安を示すと努力しやすくなります。全部食べられたら「えらいね」「マル！」と伝えます。

あと それだけ
食べようね

2 時間を意識させる

食べ終えたらおしまいというルールがわかってきたら、食べる時間を意識する練習をします。あわてて食べる必要はありませんが、時間を意識する前段階として集中を切らさず、食べ続けられるようにします。

「食べてね」などの声かけが有効なばあいは声をかけて、食べることに集中するようにうながします。カウントのルールがわかる子には、「あと10カウントでおしまいね」と伝え、残り時間を示します。カウントのルールは時計が読めない子にも有効です。

3 タイマーを使った練習

集中して食べることができるようになってきたら、食事の時間が限られて

いることを教えます。子どもにタイマーを見せ「ピピッ」と鳴ったら終わりだと伝えます。

時間の経過を意識することはむずかしいので、鳴る前に「あと〇分だよ」「急いでね」と声かけをして意識をうながします。余裕のある設定からじょじょに間隔を短くしていきます。

聴覚過敏の子どもや、数概念の理解がむずかしい子ども、視覚優位の子どもには、タイムエイド*の方が伝わりやすいばあいがあります。子どもの特性にあわせたサポートツールを選択します。

＊タイムエイド：時間の感覚がわかりにくい自閉症児のために、時間の経過を視覚的に伝えるサポートツール。

4 決められた時刻までに食べる

タイマーで時間を気にかけられるようになったら、時計を使用します。子どもと「〇分以内」「〇時〇分まで」と目標の時間を決めます。デジタルでもアナログでも、時計を見て時間の経過を理解できる

ことが前提になります。

記憶に自信のない子どもには、終了時刻をメモにしておくなどの配慮をします。できた日にはカレンダーに〇を書くなど、意欲を高める工夫も効果的です。

5 自分で時計を意識して食べる

最終的には、大人の働きかけがなくても時間を意識して食べられることが目標です。子どもが「何時までに食べればよいのか」を認識しているか、よく確認しておきましょう。

家族で外食をするときは、絶好の練習のチャンスです。帰る時間を決め、何時までに食べ終えればよいのかを考えさせます。

★よく体を動かして、お腹がすいた状態で食事の時間を迎えることが大切です。それでもなかなか時間が短縮できないときは、食後にお楽しみの活動を設定するのも1つの案です。「全部食べたらおもちゃで遊べる」というような目標があれば、子どもたちの意識が高まります。

20 外食をする

外食を楽しめるようになると、家族で外出する機会がぐんと広がります。子どもの社会体験もぐーんと広がります。食事中のマナーだけでなく、注文の仕方や料理を待つ間の行動、お金の払い方など、子どもの年齢や発達段階にあわせて練習のポイントを設定します。

ステップ
0	外食させたことがない	
1	外食が困難（偏食が強い・騒ぐ・待てないなど）	★
2	出されたものを抵抗なく食べる（立ち歩かず、座っていられる）	★★
3	メニューから食べたいものをえらぶ（写真や絵入りメニューも含む・大人が注文を伝える）	★★★
4	自分で注文を伝えられ、お金を払う（所持金・食べられる量を考えない・マナー不十分）	★★★★
5	予算内で注文し、雰囲気からはずれた行動をせず、きれいに食べる	★★★★★

1 家庭での予行演習

家庭での食事の様子がそのまま表れるのが外食です。外食に挑戦する前に、まず家庭での食事の課題を見直してみましょう。極端な偏食はないか、スプーンや器が扱えるか、「いただきます」までしずかに待てるかなどを確認します。

2 しずかに待つ練習

レストランに入る前に子どもに心の準備をさせます。「ジュース飲もう」「ハンバーグ食べよう」とあらかじめ写真や言葉で子どもに伝え、食事をする場所だということを伝えます。

はじめのうちは、子どもの好物を注文します。はじめての体験に不安が強い子どもには、一口でも食べられたら「マル！」と励まします。

食事がくるまでの時間は、「しずかに待つ」練習の絶好の機会です。体が動きやすい子どもには、おしぼりなどを手の甲にのせて10カウントの間動かないようにする「熊の手」もお勧めです。

おしぼりをのせられるようになったら、ひざに手をのせて料理を待ちます。

④ 店でのやりとりを予習

家庭で大人に要求を伝える練習をします。トイレットペーパー、食卓の箸などを片づけておいて、子どもが必要になる状況を作ると自然なやりとりができます。「○○をください」と要求することが第1段階です。お店に入ったときに予想される店員さんとのやりとりを紙に書き出し、予習してから出かけるようにするとよいでしょう。

「おはしをください。」

③ 食べたいものをえらぶ

実物のおやつを子どもに示してえらばせます。「大好物と嫌いなもの」「食べものと食べられないもの」の組み合わせから1つをえらぶ方法が効果的です。

選択するルールに慣れてきたら、写真の中からえらばせます。2つからじょじょに数を増やし、複数の中から1つをえらべるように練習します。成長に合わせてカードに書いた文字のメニューからえらべるようにステップアップします。

⑤ 予算に合わせてえらぶ

すこしむずかしいことになりますが、子どもの理解に応じて、予算に合わせるということにも取り組みます。手持ちの金額を注文前に確認させ、お金が足りるかを考えさせます。金額の「多い・少ない」「高い・安い」の認識があることが前提になります。買い物で商品の値段を比較するのもよい練習です。

★ある程度、偏食を改善しておき、食事のマナーや支払い方法などをマスターすることで、大人になったときの生活の質がぐんと高まります。一方で、日頃の食事スタイルがそのまま出てしまうのも外食の場面です。小さいうちから食事のマナーをていねいに教えましょう。

あとがき

☆**療育を受けた子は今**

　幼い頃から療育を受け社会に出ていった青年たちと、今でも別の機会に会うことがあります。彼らは、レストランや居酒屋などで仲間と外食することを、とても楽しんでいます。言葉で表現することが苦手でその席では会話に入ってこない青年もいますが、穏やかな表情を見せたり、外食のために身なりを整えてきた様子から、仲間との集まりを楽しみにしていたことが伝わってきます。

　彼らの幼い頃を知っている人たちは、「こんな風に外食を楽しめる日が来るとは思わなかった」と言います。偏食が激しく決まった数品しか食べられなかった子、手づかみで口に押し込んでいた子、少しの間もじっとしていられずレストランで騒いでいた子……。

　その時にあきらめていたら、今の彼らの姿はなかったかも知れません。苦手な食べものが減るように少しずつ挑戦したり、スプーンやお箸の使い方を教えたり、外食に慣らしていったりと、ていねいに教え続けてきたからこそ、青年に達した今、仲間との食事を楽しめるようになったのです。

　食事の基本的技能やマナーを身につけることは、彼らの世界を広げ、生活の質を高めます。

☆**食事を「怖い」と感じる子ども**

　たとえば、人と食事をするのが怖いと訴える若者がいます。怖さの理由の一つに、何を、どのように、どれくらいの量と時間で食べたらよいかわからないことがあげられます。食生活は世代間で継承されていく文化ですから、幼い頃から、家族や友だちと一緒に食事をとりながら、いつしか身につけていくものです。

　しかし、発達につまずきがある子どもは、自然に見よう見まねで学ぶことが困難です。一つのことを身につけるのにも長い時間がかかります。ていねいに、特別な工夫をして、そして根気よく教えていく必要があります。

☆**毎日の積み重ねが力になる**
　あるお母さんは、「食事は１日３回するから、１年間だと１０００回を超える。うちの子は何事も覚えるのに時間がかかるけれど、１０００回練習すればたいていのことはできるようになるはず」と話してくれました。毎日の暮らしの中での積み重ねがいかに大きな力になるかを、こうしたご家族の姿から実感しています。
　私たちも「この方法ならできるはず！」と思った方法がまったく通用しなかったり、家庭での教え方に感心したりと、子どもたちやそのご家族から多くのことを学ばせてもらいました。
　本書は、ご家族とともに取り組んできた中で蓄えた学びの知恵をまとめたものです。子どもたちの生活が、より広がっていくことを心から願っています。

　　　　　　　　　小倉　尚子（公益社団法人発達協会　指導部部長補佐）

付録

口の動きを育てる体操

❶噛んで食べる　❸ストローで飲む　⓱こぼさずに食べるに共通する練習として、口や舌を意識的に動かすことを練習します。

食事のときだけでなく、遊びの時間にお口の体操をしてみましょう。どれも飲んだり食べたりするときに欠かせない口の動きです。

また、歯みがきやうがいの練習、食事の内容によっても口や舌の筋肉が育ちます。やわらかいものばかり食べないように気をつけましょう。そのほかにキャンディーを噛まずになめ続けることなどもいい練習です。

①大きく口を開ける
できるだけ大きく口を開けて息を吐いたり、「アー」と声を出す

②舌をべーっと唇より前に突き出す
前にあるスプーンについたヨーグルトなどをなめる。ソフトクリームをぺろぺろなめる。棒つきのキャンディーをなめるなど。

③「イー」「ウー」の唇の動き
アイスの棒を噛む。ストローで（噛まないように）水を吸う。かざぐるまやシャボン玉を吹く。

④ほほを膨らます
唇をぎゅっと閉じる動き。にらめっこのアップップのような顔をする。

⑤舌を上下左右に動かす
唇についたご飯粒、ヨーグルトをなめる。

■編者
公益社団法人　発達協会
　発達にハンディキャップをもつ人たちの、さまざまな形での自立をうながすことを目的として設立されました。事業としては、大きく①医療事業、②療育事業、③啓発事業の3つにわけられます。

★発達協会　組織図

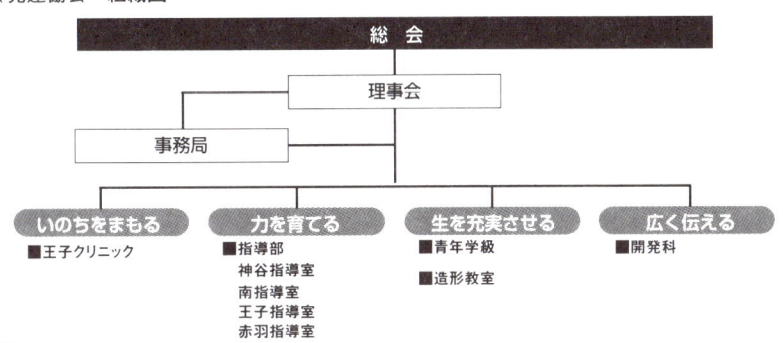

```
                    総　会
                      │
                    理事会
                      │
          ┌───────────┤
        事務局        │
          │
  ┌───────┼───────────┬───────────┐
いのちをまもる  力を育てる  生を充実させる  広く伝える
■王子クリニック ■指導部    ■青年学級       ■開発科
            神谷指導室  ■造形教室
            南指導室
            王子指導室
            赤羽指導室
```

■監修者
小倉　尚子（おぐら　なおこ）
言語聴覚士・社会福祉士・精神保健福祉士。発達協会指導部部長補佐、早稲田大学教育学部非常勤講師。墨田区保育園巡回相談員。著書に、『決定権を誤解する子、理由を言えない子』かもがわ出版、『保育に役立つ発達過程別の援助法』日本文化科学社、『多動な子どもへの教育・指導』明石書店、『発達障害のある子へのことば・コミュニケーション指導の実際――評価からスタートする段階的指導』診断と治療社、『発達障害へのアプローチ』アローウィンがある。

一松　麻実子（ひとつまつ　まみこ）
言語聴覚士・社会福祉士・精神保健福祉士。発達協会開発科、上智大学非常勤講師。世田谷区保育園巡回相談員。著書に、『人と関わる力を伸ばす』『「自閉的」といわれる子どもたち』『「わがまま」といわれる子どもたち』『落ち着きのない子どもたち』『友達ができにくい子どもたち』『多動な子どもたちQ＆A』以上すずき出版、『多動な子どもへの教育・指導』明石書店、『発達障害のある子へのことば・コミュニケーション指導の実際―評価からスタートする段階的指導』診断と治療社がある。

武藤　英夫（むとう　ひでお）
言語聴覚士・社会福祉士・精神保健福祉士・臨床心理士。発達協会指導部部長、目黒区学童クラブ心理巡回相談員。著書に、『できる！をめざして』かもがわ出版、『ことばの力を伸ばす考え方・教え方』明石書店、『発達につまずきを持つ子と身辺自立』大揚社、『落ち着きのない子どもたち』『「自閉的」といわれる子どもたち』以上すずき出版、VTR「知的障害者の身辺自立」ジェムコ出版がある。

■執筆者（50音順）
岩附　　茜（言語聴覚士　指導部）
大内　　彩（社会福祉士　指導部）
勝俣　典子（保育士　指導部）
河村早弥香（保育士　指導部）
杉本　美保（社会福祉士　指導部）
杉本和佳子（言語聴覚士　指導部）
高瀬麻起子（作業療法士　指導部）
玉城　　瞳（社会福祉士　指導部）
平田　　哉（社会福祉士、精神保健福祉士　指導部）
松村紗耶未（指導部）
御園生裕子（精神保健福祉士、保育士、介護福祉士　指導部）
二井　麻衣（社会福祉士、保育士　指導部）
元野木正比古（臨床心理士　指導部）
山口　聡美（作業療法士　指導部）

組版　プロート
装幀・本文デザイン　人見祐之
イラスト　磯村仁穂

子どもの発達にあわせて教える１
イラストでわかるステップアップ　食事編

2012年8月1日　第1刷発行
2017年8月10日　第3刷発行

監修者　小倉尚子＋一松麻実子＋武藤英夫
編　者　公益社団法人　発達協会
発行者　上野良治
発行所　合同出版株式会社
　　　　東京都千代田区神田神保町1-44
　　　　郵便番号　101-0051
　　　　電話　03（3294）3506
　　　　振替　00180-9-65422
　　　　ホームページ　http://www.godo-shuppan.co.jp/
印刷・製本　株式会社シナノ

■刊行図書リストを無料進呈いたします。
■落丁乱丁の際はお取り換えいたします。

本書を無断で複写・転訳載することは、法律で認められている場合を除き、著作権及び出版社の権利の侵害になりますので、そのばあいにはあらかじめ小社宛に許諾を求めてください。
ISBN978-4-7726-1066-7　NDC370　210×148
© 小倉尚子＋一松麻実子＋武藤英夫,2012

絵でわかる こどものせいかつずかん（全4巻）

3歳〜小学校低学年・特別支援学級
オールカラー／各巻48ページ

[目白大学大学院教授] [目白大学人間学部教授]
谷田貝公昭・村越 晃 [監修]
子どもの生活科学研究会 [編]

きたもり ちか [絵]

子どもの日常生活での基本動作を、「身の回り」「食事」「外出」「コミュニケーション」の4巻に分けて教える大型絵本シリーズ。子どもの「やってみよう」「じぶんにもできる」という気持ちを引き出し、さまざまな場面での動作の基本が無理なく身につきます。

❶ みのまわりの きほん

ふとん・べっどのかたづけ／あける、しめる／はこぶ／むすぶ／はさみできる、のりではる／おえかき／ほんをよむ／てれびをみる／おかたづけ／おふろそうじ／おせんたく／いきもののせわ／ごみをすてる／からだのおていれ／ふくをきがえる／といれにはいる／おふろにはいる／ひとりでねる／ほか

❷ しょくじの きほん

はし・すぷーん・ふぉーくをつかう／ごはんのたべかた／しょくじのまなー／のみものをのむ／くだものをたべる／おやつをたべる／おみせでたべる／そとでたべる／こんなときどうしよう／れいぞうこのつかいかた／だいどころのおてつだい／しょっきをかたづける／ほか

❸ おでかけの きほん

おでかけまえのみだしなみ／おでかけまえのてんけん／のりものでおでかけ／こうえんにいく／ほいくえん・ようちえんにいく／よそのおうちにいく／としょかんにいく／おでかけさきでこまったら／ゆうえんちにいく／ぴくにっくにいく／りょかんやほてるにとまる／おうちにかえったら／ほか

❹ おつきあいの きほん

あいさつをしましょう／「ありがとう」をいう／あやまる／がまんする／しんせつにする／かなしいことがあったとき／けんかとなかなおり／かぞく・しんせきとのおつきあい／ともだちとのおつきあい／とくべつなひ／やくそくをまもる／ひとりでおかいもの／でんわとてがみ／じぶんのことをはなす／わからないことをきく／ほか

●普及版（各巻1400円）と、堅牢保存版版（各巻2500円）がございます。

■別途消費税がかかります。